Blue Lavande

Le livre qui sait TOUT de vous

© 2024 Blue Lavande
Édition : BoD · Books on Demand GmbH, In de Tarpen 42,
22848 Norderstedt (Allemagne)
Impression : Libri Plureos GmbH, Friedensallee 273,
22763 Hamburg (Allemagne)
ISBN : 978-2-3225-5290-0
Dépôt légal : Décembre 2024

Vous avez feuilleté ce livre pour vérifier s'il valait le coup de l'acheter, n'est-ce pas ?

Vous souriez en ce moment.
Ce livre vous apporte de la joie.
Conservez-les précieusement : votre joie et votre livre !

Il y a une décision que vous repoussez depuis des jours.
Faites votre choix maintenant.
C'est le moment idéal pour y réfléchir et pour agir.
Vous pouvez avoir confiance en vous, votre décision sera la bonne.

Vous êtes ici parce que vous cherchez quelque chose…
Peut-être un moment de répit ?
Fermez ce livre.
Reposez-vous. Revenez quand vous serez prêt.

Il y a quelque chose que vous ne voulez pas admettre, même à vous-même.

Aujourd'hui, il est temps d'ouvrir les yeux sur cette situation.

Cette étape difficile est nécessaire pour rendre votre existence encore plus harmonieuse.

Tout est apprentissage.

Tournez encore une page, juste pour voir.
La curiosité est une qualité ! Elle permet d'en savoir plus, d'apprendre, de s'intéresser aux autres et au monde qui nous entoure.

Vous vous demandez si ce livre va vraiment vous surprendre.
Vous avez hésité avant d'acheter ce livre. Rassurez-vous, votre décision était la bonne.
Ce fut une excellente idée !
Bravo à vous, cette lecture promet d'être enrichissante.

Cette page n'a rien de spécial. Et pourtant, vous êtes toujours là.
Êtes-vous vraiment certain qu'elle n'ait rien de spécial ?

Vous avez tourné cette page un peu trop vite…
Êtes-vous pressé ?
Prenez le temps d'être là, présent à vous-même.

Vous venez de penser : « Est-ce que ce livre me connaît vraiment ? »

Il y a une personne à qui vous pensez maintenant.
Pourquoi ?
Avez-vous envie de lui parler ?
De lui écrire un message ?
D'organiser une rencontre ou un voyage avec elle ?
Foncez ! La vie est trop courte pour repousser les moments de bonheur.

Ce livre ne vous juge pas. Vous le faites très bien tout seul.
Si vous souriez, c'est parce que vous commencez à croire que ce livre a raison.

Il y a une idée que vous repoussez depuis longtemps.
Pourquoi attendre encore ?
Ce projet est important.
Allez-y progressivement.
Aujourd'hui, faites un pas dans la réalisation de ce projet merveilleux.
Il est temps de poser la première pierre de votre édifice.

Vous êtes beaucoup plus intéressant que vous ne voulez l'admettre.

Vous ne savez pas où ce livre va vous emmener. Et c'est précisément ça qui vous plaît !

Vous avez très envie de jeter un œil aux pages suivantes…
Allez-y, faites vous plaisir !

Vous aimez les surprises. Surtout quand elles sont agréables.
Et si, aujourd'hui, vous faisiez une visite surprise à cette personne que vous aimez tant ?

Il y a une question qui tourne en boucle dans votre tête.
La réponse se trouve à la page 21 du premier livre que vous verrez.

Vous venez de vérifier que personne ne vous regarde lire ce livre.
Mais peu importe le regard et l'avis des autres !
Après tout, on ne peut pas déplaire à tout le monde.

Vous aimez l'idée que ce livre soit différent.
Eh oui ! Vous avez trouvé la perle rare.
Vous êtes chanceux.

En ce moment, vous vous demandez si ce livre parle réellement de vous.
Le doute est toujours légitime et constructif.
« Il faut douter de tout ! »
Seul le doute permet d'avancer, en conscience, sur le chemin qui mène à la vérité.

Vous ne pensiez pas rester aussi longtemps sur cette page, et pourtant...

Vous cherchez un sens caché à ce livre.
Continuez.
Il est peut-être là…

Quelque chose vous tracasse en ce moment.
Vous savez exactement de quoi il s'agit.
La solution se trouve déjà en vous. Elle attend juste d'être éclairée par votre conscience.
Il suffit d'y consacrer un peu de temps et d'attention.
Pourquoi pas maintenant ?

Un souvenir vient de vous traverser l'esprit.
Pourquoi celui-là ?
Rien n'arrive par hasard.

Vous vous êtes demandé si ce livre pouvait deviner ce que vous pensez maintenant.
Ce livre vous intrigue plus que vous ne voulez bien l'admettre.

Vous commencez à voir ce livre comme un miroir de vous-même.
Alors, oserez-vous vous regarder en face ?
Vous serez très agréablement surpris d'aimer ce que vous y voyez.

Vous avez eu envie de refermer ce livre.
Néanmoins, vous ne l'avez pas fait.
Et vous avez raison.

Il y a un souvenir d'enfance qui vous revient souvent.
Pourquoi celui-là ?
Quelle émotion ressentez-vous en y songeant ?

Cette page n'est pas la fin. Au contraire, ce n'est que le début de tout ce que vous allez découvrir !

Lors de votre adolescence, vous aviez un rêve que vous avez abandonné.
Et si vous le rédigiez par écrit ?
L'écriture fera peut-être renaître l'étincelle qui vous animait à l'époque.
Ce feu intérieur est nécessaire pour concrétiser un rêve.
Grâce à lui, vous allez tendre vers ce rêve qui ne demande qu'à se réaliser.

Vous vous demandez parfois si la personne que vous étiez aurait aimé celle que vous êtes devenue aujourd'hui.

Vous aviez fait une bêtise quand vous étiez jeune, mais personne ne l'a jamais su.
L'erreur fait partie de l'apprentissage.
Aimez-vous, sans condition.

Vous rappelez-vous de ce moment où vous vous êtes senti invincible ?
Replongez-vous dans ce souvenir.
Et remplissez les batteries de votre confiance en vous.

Il y avait une chanson que vous adoriez durant votre jeunesse.
Vous rappelez-vous de sa mélodie ?

Vous avez parfois envie de retrouver l'insouciance que vous aviez enfant.

Un adulte aussi peut se permettre d'être insouciant.

Offrez-vous des moments de totale déconnexion dans la nature ou en sortant de chez vous.

L'air frais et vivifiant apaisera votre esprit quand celui-ci est agité.

Vous vous souvenez de ce jour d'école où vous aviez ressenti de la honte.
Pourquoi ce souvenir persiste-t-il encore aujourd'hui ?
Le passé n'existe plus.
Seul le présent compte.
Ainsi, restez dans le présent.
Laissez donc le passé où il est.

Cette activité, quand vous étiez enfant, vous auriez pu la faire pendant des heures…
Le temps disparaissait, il devenait inconsistant.
Tiens ! Vous souriez en y repensant.
À ce propos, quand avez-vous ressenti cette plénitude pour la dernière fois ? Qu'étiez-vous en train de faire à ce moment-là ?

Vous avez un souvenir d'adolescence qui vous fait encore rire aujourd'hui.
Franchement, rire fait tellement de bien !
Faites-le sans modération.

Vous rappelez-vous quand vous aviez cru que le monde tournait autour de vous ?
Parfois, il vous arrive de le croire à nouveau. C'est normal, le mental adore vous faire penser cela.
Il suffit juste d'en prendre conscience pour remettre chaque élément de l'univers à sa juste place : sur un plan d'égalité.

Vous aviez un modèle que vous admiriez profondément.
Où est cette personne aujourd'hui ?
Et cet ami si gentil que vous connaissiez au lycée.
Qu'est-il devenu depuis tout ce temps ?

Vous repensez souvent à cette dispute…
En fin de compte, était-elle si importante ?

Vous regrettez d'avoir mal agi, il y a quelques années. Votre émotion était trop forte, vos paroles et vos gestes sont sortis sans qui vous n'ayez vraiment réfléchi à leurs conséquences.

Mais si vous pouviez changer quelque chose, le feriez-vous réellement ?

Et si tout était juste ?

Chaque expérience a une utilité que seul le temps peut révéler.

Rappelez-vous de cette personne que vous aimiez en secret…

Vous vous souvenez encore de son sourire. Même si les années ont effacé les traits précis de son visage.

Quand vous étiez jeune, vous étiez persuadé que vous ne deviendriez jamais comme les adultes.
Et pourtant...

Il y a quelque temps, vous avez fait un choix difficile.
Cette décision a changé le cours de votre vie.
Vous voyez laquelle ?
Êtes-vous toujours d'accord avec ce choix ?
Si oui, ne changez rien.
Si non, il est encore temps de donner une nouvelle direction à votre existence.

Vous avez vécu une période où tout semblait possible.
Cette sensation d'euphorie était incroyable !
Vous aimeriez retrouver cette sensation, n'est-ce pas ? Que pouvez-vous entreprendre pour cela ?

Vous repensez souvent à cette promesse que vous vous étiez faite plus jeune.
Vous voyez, le temps ne l'a pas effacée.
Est-elle toujours valable aujourd'hui ?

Vous avez conservé un objet de votre enfance.
Cet objet, savez-vous où il se trouve actuellement ?
Pourquoi avez-vous gardé celui-là précisément ?

À l'adolescence, vous avez écrit quelque chose que vous espériez cacher pour toujours. Pourquoi aviez-vous peur que quelqu'un lise ce texte ?

Quand vous étiez jeune, il y avait un cauchemar que vous faisiez régulièrement.
Vous ne l'avez jamais complètement oublié…
Vous aviez une peur irrationnelle.
Cette angoisse est-elle toujours aussi forte aujourd'hui ?

Il y a cette vieille photo qui vous fait pleurer chaque fois que vous la regardez.

Vous avez un souvenir que vous aimeriez revivre.

Allez-y, autorisez-vous à le vivre à nouveau.

Fermez les yeux. Pensez-y comme si vous y étiez.

Tout est comme avant, figé dans un temps éternel.

Ce souvenir est comme un livre posé sur votre étagère. Il vous suffit de le choisir, de l'ouvrir et de vous y plonger pour ressentir cette émotion puissante qui vous transporte de joie !

Vous avez parfois l'impression que votre passé est plus vivant que votre présent.

Il est temps de porter toute votre attention à ce que vous faites, ici et maintenant.

Rien d'autre n'a véritablement d'importance.

Vous avez des rêves que vous gardez pour vous, comme s'ils étaient trop précieux pour être partagés. Pourtant, le monde gagnerait à les connaître…

Si vous pouviez accomplir une chose cette année, qu'est-ce que ce serait ?
Imaginez comment vous pourriez la réaliser.
Décrivez les différentes étapes, en commençant par les plus faciles.

Il y a un endroit dans le monde que vous rêvez de visiter. D'ailleurs, vous venez d'y penser !
Pourquoi ne serait-ce pas la destination de vos prochaines vacances ?

Vous avez une passion que vous avez un peu mise de côté.
Et si vous la repreniez ?
Pourriez-vous lui consacrer une ou deux heures par semaine ?
Ce rendez-vous hebdomadaire ne semble pas énorme et pourtant, cela changera tout.

Dans cinq ans, où espérez-vous être ?
Et pourquoi pas avant ?

Il y a quelque chose que vous avez toujours voulu apprendre.

Qu'est-ce qui vous en empêche ?

Le temps à y consacrer ? Il y a certainement un petit créneau que vous pourriez utiliser chaque semaine.

Le prix ? Les cours en ligne sont devenus très bon marché. L'achat d'un instrument de musique, de matériel sportif ou artistique est tout à fait possible en seconde main.

Pensez-y…

Que risquez-vous ?

Vous vous imaginez parfois vivre une autre vie…
Comment serait-elle ?
Dans quelle ville habiteriez-vous ?
Avec qui ?
Et quelles activités feriez-vous ?

Vous avez une envie secrète que vous aimeriez réaliser.

Vous savez très bien de quoi il s'agit.

Peut-être le temps est-il venu de concrétiser cette idée.

Votre futur dépend de quelque chose que vous commencerez à construire dès aujourd'hui.

Vous aimeriez laisser une trace, quelque chose qui vous survivra.
Qu'est-ce que ce serait ?
Pourquoi laisser une marque de votre passage sur cette planète vous semble-t-il si important ?
Vous aimeriez faire quelque chose de grand. Mais peut-être que ce sont les petites choses qui comptent.

Si vous pouviez changer une seule chose dans votre vie actuelle, quelle serait-elle ?
Peut-être que vous devriez prendre le risque de réaliser ce changement…
Et si vous osiez enfin ?

Une idée très ambitieuse vous trotte dans la tête depuis longtemps.
Pourquoi ne la prendriez-vous pas au sérieux ?
Ne laissez pas vos peurs diriger votre vie.

Vous aspirez à passer une journée parfaite !
Que feriez-vous exactement ?
Prenez donc cinq minutes pour la visualiser.

Il y a une personne avec qui vous aimeriez vivre une aventure.
Qui est-ce ?
De quelle aventure s'agit-il ?

Vous pensez souvent au futur. Mais que faites-vous aujourd'hui pour le créer ?
Vous avez des envies que vous considérez comme impossibles. Et si elles ne l'étaient pas ?

Si vous pouviez tout recommencer à zéro, où iriez-vous ?
Que feriez-vous ?
Le futur que vous imaginez est à portée de main. Toutefois il commence par un premier pas. Aujourd'hui.

À quand remonte la dernière fois où vous avez vraiment pris une pause pour respirer ?

En ce moment précis, votre esprit est ailleurs. Revenez ici, juste un instant.

Vous avez parfois tendance à oublier que le moment présent est tout ce que vous avez vraiment.

Si vous fermez les yeux maintenant, qu'entendez-vous autour de vous ?
Vous êtes ici, avec ce livre entre les mains. Et c'est tout ce qui compte pour l'instant.
Respirez la plénitude de ce moment unique et universel.

Il y a une petite victoire récente dont vous pouvez être fier.
Rappelez-vous de ce moment jubilatoire !
Vous êtes plus fort que vous ne le croyez, même si vous en doutez souvent.

Quand avez-vous pris le temps de vraiment apprécier une chose simple ? Une tasse de thé, une chanson, un rayon de soleil ?
À cet instant, il n'y a rien d'autre à faire que d'être là.
Cela suffit.
Tout est dans cet éternel Présent.

La prochaine fois que vous rirez, remarquez à quel point ce moment est précieux et délicieux.

Vous méritez plus de moments où vous vous sentez totalement en paix avec vous-même.

Prenez une grande inspiration, lentement.

Observez l'air qui passe en vous, portez votre attention sur le chemin qu'il parcourt. Restez focalisé sur lui, ne repartez pas dans les pensées qui affluent pour accaparer votre attention.

C'est précisément cela méditer.

En ce moment, il n'y a ni passé, ni futur.
Seulement vous, ici.
Vous êtes certainement plus heureux que vous ne le pensez.

Parfois, un simple sourire peut tout changer. Même un sourire offert à vous-même, avec ou sans miroir.
Essayez donc maintenant.

Quelle est la dernière chose qui vous ait rempli de gratitude ?
Le bien-être ne se trouve pas à l'extérieur. Il commence toujours en vous.

Le silence autour de vous est-il totalement silencieux ?
Écoutez-le attentivement.
Voyez sa profondeur et sa richesse...

Ce que vous cherchez n'est peut-être pas aussi loin que vous le croyez.
Vous êtes tout proche…
Un seul pas de plus peut suffire.

Votre corps vous parle souvent, mais vous ne l'écoutez pas toujours…
Que vous dit-il aujourd'hui ?
Vous méritez de prendre soin de vous.
Peut-être est-ce le bon moment pour commencer.

Il y a quelque chose de beau dans chaque journée, même les plus ordinaires.
Avez-vous remarqué ce qui est beau aujourd'hui ?
Certains bonheurs sont très discrets, heureux ceux qui savent les percevoir.

Vous avez en vous tout ce qu'il faut pour devenir la personne que vous voulez être.

Le changement commence seulement par une petite décision.
Quelle sera la vôtre aujourd'hui ?

Il y a une ancienne version de vous-même que vous pouvez lâcher, à présent.
Chaque jour vous offre une nouvelle chance, vous propose un autre essai.
Rien n'est figé !
Tout est encore possible.

Votre vie est comme un jardin : que voulez-vous y planter aujourd'hui ?

Vous possédez une qualité en vous que vous sous-estimez.

Et si vous la cultiviez davantage ?

Le moment parfait pour commencer n'existe pas.
Alors pourquoi attendre encore ?

Pour avancer, il faut parfois accepter ce que vous ne pouvez pas changer.

Vous n'êtes pas défini par vos erreurs.
Vous êtes défini par la façon dont vous rebondissez.

Le renouveau n'est pas une destination. C'est un processus qui commence ici et maintenant.

Chaque fois que vous choisissez de vous améliorer, vous inspirez aussi les autres autour de vous.

Fermez ce livre un instant.
Prenez une grande respiration.
Savourez ce moment.
Ressentez l'air qui entre et sort de votre corps. C'est la vie elle-même qui circule en vous !

Vous avez survécu à tant de défis. Pourquoi douter que vous puissiez encore avancer ?
Il y a une leçon dans chaque échec.
Quelle est celle que vous devez apprendre aujourd'hui ?

Il y a une habitude qui vous empêche d'aller de l'avant.
Êtes-vous prêt à la laisser partir ?
Le changement fait peur, mais il est aussi la clé de votre croissance.

Votre potentiel est infini. Toutefois, il restera endormi si vous ne le réveillez pas.
Vous n'avez pas besoin d'être parfait pour grandir. Vous avez seulement besoin d'être présent.

La prochaine version de vous-même est déjà en train d'éclore. Accueillez-la avec bienveillance.

La résistance au changement est naturelle, elle est aussi un signe qu'un nouveau départ arrive.

Le changement commence souvent par un acte de pardon : envers les autres ou envers vous-même.

Vous êtes une œuvre en constante évolution.
Et c'est ce qui vous rend unique.

Le développement personnel est un voyage, pas une course. Prenez le temps de respirer.

Parfois, avancer demande de lâcher ce à quoi vous tenez si fort.

Qu'êtes-vous prêt à libérer ?

Il y a un feu en vous, même s'il n'est pas toujours visible.
Nourrissez-le, et il vous guidera.

Avez-vous pris le temps aujourd'hui de vous dire : « Je m'aime » ?
Vous êtes plus digne d'amour que vous ne le croyez.
Quand vous vous regardez dans le miroir, voyez-vous quelqu'un qui mérite d'être aimé ?
Parce que vous le méritez. N'en doutez pas un seul instant !

S'aimer soi-même, ce n'est pas être parfait, c'est accepter ses imperfections.
Chaque partie de vous, même celles qui vous déplaisent, fait de vous une personne entière et belle.

Aimer les autres commence toujours par apprendre à s'aimer soi-même. Vous méritez l'amour que vous donnez si facilement aux autres.

Prenez un moment pour penser à une personne que vous aimez profondément.
Ce sentiment est précieux.
Il y a une beauté unique dans chaque personne que vous croisez.
Avez-vous essayé de la voir ?

Aimer la vie, c'est commencer par apprécier les petites choses : l'odeur d'un plat qui sort du four, la silhouette d'un arbre, le chant d'un oiseau, la forme d'un nuage…
Il y a des jours où aimer la vie semble difficile. Or même ces jours-là, il y a une étincelle à trouver.

Vous avez le pouvoir d'apporter de l'amour et de la joie autour de vous, même avec un simple mot.

L'amour que vous donnez revient toujours d'une manière ou d'une autre. Avez-vous remarqué ?

Il y a quelque chose de magique dans le simple fait d'être vivant.
Une part de l'univers est en vous.
Avez-vous pris le temps de le ressentir ?

Vous avez en vous une source infinie de compassion. Et si vous commenciez par vous en offrir à vous-même ?

Prenez un moment pour remercier votre cœur. Il bat pour vous, sans jamais s'arrêter.

Votre corps tout entier mérite aussi votre gratitude.

Après tout, vous formez une merveilleuse équipe !

Il y a une peur en vous que vous portez depuis longtemps.
Vous savez laquelle.
Il est temps, à présent, de vous en libérer et de l'affronter en la regardant en face.
Tant que vous ne l'accueillez pas avec amour et bienveillance, cette peur restera en vous comme un fantôme parasitant vos pensées et vos actions.

Aimer le monde, c'est accepter ses imperfections et apprendre à voir les merveilles dont il recèle.
En avez-vous remarqué une aujourd'hui ?
Vous aussi, vous pouvez ajouter de la beauté dans ce monde.

Parfois, vos pensées vous échappent et vous entraînent vers des endroits sombres. Observez-les sans juger.

Il y a un défaut que vous n'aimez pas chez vous. Et si c'était aussi une force cachée ? Vos angoisses ne vous rendent pas faible. Elles vous rappellent juste que vous êtes humain.

Il y a une blessure en vous qui n'est pas totalement guérie. Prenez un instant pour reconnaître sa présence.
Vous vous cachez parfois derrière ce masque. Mais qui êtes-vous vraiment quand personne ne regarde ?

Vous avez des parts d'ombre que vous préférez ignorer. Pourtant, elles font aussi partie de vous.

Vous avez peur d'échouer, mais le vrai échec serait de ne pas essayer.
Vous avez traversé des moments où vous pensiez ne jamais vous relever. Pourtant vous l'avez fait.

Il y a une partie de vous qui doute constamment.
Et si vous lui parliez avec bienveillance ?

Une peur en vous existe, or vous n'avez jamais osé la nommer clairement…
Osez la dire à voix haute.
Vos peurs ne définissent pas qui vous êtes. Ce qui compte, c'est ce que vous faites malgré elles.
Votre peur, votre colère ou votre tristesse sont des messages.
Avez-vous pris le temps de les écouter ?

Vous avez des regrets. Mais ils ne sont pas des chaînes, seulement des leçons.

Il y a des mots que vous auriez aimé dire, mais que vous avez gardés pour vous.
Il n'est pas trop tard pour les transmettre aux personnes que vous aimez.

Vous vous concentrez souvent sur ce qui vous manque, plutôt que sur ce que vous avez.

Cette habitude vous fait voir la vie en noir, alors qu'elle pourrait être si lumineuse !

Vos doutes sont comme des ombres : ils disparaissent lorsque vous les regardez en face.

Une partie de vous a peur d'être jugée.
En réalité, vous êtes votre plus grand juge.
Offrez-vous de l'indulgence et de la compassion.
Il y a tant de choses en vous que vous préférez cacher, mais peut-être méritent-elles d'être vues.

Face au miroir, vous évitez parfois votre propre reflet, par peur de ce que vous pourriez y voir.
Pourtant vos cicatrices, visibles ou invisibles, racontent votre histoire.
Elles sont votre force, la preuve de votre immense courage.
Vos défauts ne sont pas des ennemis. Ils sont là pour vous apprendre quelque chose.

Il y a une personne dans votre vie à qui vous n'avez jamais dit « merci ».
Dites-le lui aujourd'hui. C'est important.
Et vous ? Quand avez-vous pour la dernière fois ressenti une gratitude sincère envers vous-même ?

Vous vous demandez parfois : « Pourquoi suis-je ici ? »
Vous avez un rôle à jouer dans le monde, même s'il semble insignifiant.
Vous êtes une pièce du grand puzzle de la Vie. Le tableau ne serait pas complet sans vous.
Vous êtes unique.
Irremplaçable.

Parmi vos relations, il y a quelqu'un qui a particulièrement influencé la personne que vous êtes aujourd'hui.
Rappelez-vous des moments que vous avez passés ensemble.

Quand avez-vous pour la dernière fois tendu la main à quelqu'un, sans rien attendre en retour ?

Le futur est une page blanche, toutefois il est influencé par les mots que vous écrivez aujourd'hui.

Le temps file, pour autant, il y a toujours assez de minutes pour faire ce qui compte vraiment.
Qu'est-ce qui compte réellement pour vous ?

Votre corps et votre esprit aspirent à un équilibre.
Où manque-t-il aujourd'hui ?
Comment pouvez-vous rétablir cette harmonie ?

Quand avez-vous pour la dernière fois écouté votre intuition ?
Peut-être qu'elle sait, ce que vous pensez ignorer ?

Vous avez des limites, mais les reconnaître est un signe de force, pas de faiblesse.

Parfois, la vraie liberté n'est pas de tout changer, mais d'accepter ce qui est.
Le pardon que vous refusez d'accorder peut vous emprisonner plus que celui que vous offrez.

Jusqu'à présent, vous avez survécu à chaque moment difficile.
Cela mérite votre respect !

Vous détenez le pouvoir de transformer vos plus profondes blessures en une grande sagesse.

Votre passé, votre présent et votre futur forment une seule histoire.
Et vous en êtes l'auteur.

En tournant cette dernière page, souvenez-vous : ce livre sait tout de vous, mais c'est vous qui en avez écrit l'essentiel.